Für Anja, Anna und Kolja.

3. Auflage 2024
© Kraus Verlag, Regener Straße 47, 10318 Berlin
Text: Juri Johansson
Illustrationen: Stefanie Jeschke
Gestaltung: Henrike Hiersig
Alle Rechte vorbehalten.
Druck: PNB Print, Lettland
ISBN: 978-3-9823493-0-5

www.kraus-verlag.de

Juri Johansson

Von SCHILDFLÖTEN, HERDMÄNNCHEN und GROSSMAUL-NASHÖRNERN

Mit Illustrationen von Stefanie Jeschke

KRAUS VERLAG

DAS PYJAMALAMA

Pyjamalamas sind sehr häusliche Tiere: sie besiedeln bevorzugt gemütliche Sessel- und Sofalandschaften. Kaum sind sie geboren, bekommen die jungen Pyjamalamababys ihren ersten Pyjama von ihrer Pyjamalamamama oder ihrem Pyjamalamapapa übergestülpt.

Da der Pyjama bei Pyjamalamas nicht mitwächst, streifen sie ihn ab, sobald er zu klein geworden ist. Sie schlüpfen aus ihrem Pyjama heraus und werfen ihn irgendwohin. Zum Beispiel hinters Bett.

Pyjamalamas vermeiden körperliche Aktivitäten in der heißen und kalten Jahreszeit. Das gilt auch für die Jahreszeiten dazwischen. Wenn sie sich aufraffen können, das Sofa zu verlassen, schlendern sie besonders gerne zum Kühlschrank und wieder zurück.

DAS BISONT

Das Bisont ist eine Kreuzung zwischen Bison und Wisent. Es wurde gezüchtet, damit man diese beiden Tiere im Zoo nicht immer verwechseln muss. Es sieht dem Wisent und dem Bison zum Verwechseln ähnlich. Mal verhält es sich wie ein Bison, ein anderes Mal wie ein Wisent. Das aber fällt niemandem auf, weil sich Bison und Wisent in ihrem Verhalten sowieso nicht unterscheiden.

Das Bisont lebt, genauso wie Bison und Wisent, in Tierparks, Zoos sowie auf Wiesen, an denen man vorbeifährt und sich fragt, ob das jetzt ein Wisent oder ein Bison gewesen ist. Das Bisont hat sich aus der Familie der *Verwechseltiere* heraus entwickelt. Zu dieser Familie gehören beispielsweise auch Hase und Kaninchen, Kamel mit Dromedar und Trampeltier sowie Reh, Hirsch und Wapiti.

Woran erkennt man nun das Bisont im Vergleich zu Wisent und Bison? Ganz einfach: Das Bisont unterscheidet sich von Wisent und Bison dadurch, dass es sich von beiden nicht unterscheiden lässt.

DIE GEPARDEN-SCHNECKE

Sie sind die Rennmaschinen unter den auf dem Land lebenden Weichtieren: die supersportlichen Gepardenschnecken erreichen auf der Jagd nach Salat und anderem Gemüse Spitzengeschwindigkeiten von mehr als 90 Kilometern pro Stunde.

Weil sie so klein sind und nicht alles überblicken können, kommt es bei ihnen leider häufig zu Unfällen. Deshalb besteht Helmpflicht. Vor allem die jungen Gepardenschnecken liefern sich oft illegale Wettrennen in Gemüsegärten.

„Ständige Kontrollen sollen den jungen Gepardenschnecken die Lust nehmen, den Gemüsegarten als Rennstrecke zu benutzen", so eine Polizistin. „Es droht Häuschenarrest von bis zu zwei Tagen für jene Schnecken, die mit überhöhter Geschwindigkeit grob verkehrswidrig auf dem Rasen rasen."

DAS GROSSMAUL-NASHORN

Sind seine nächsten Verwandten, das Spitzmaul- und das Breitmaulnashorn, eher ruhige Gesellen, so trifft das Gegenteil auf das Großmaulnashorn zu. Je weniger es über eine Sache Bescheid weiß, desto mehr erzählt es davon. Ihm kann man so leicht nichts vormachen. Stets riskiert es eine *dicke Lippe*.

Das Großmaulnashorn war schon überall. Aufgrund seiner Schlauheit ist es auch sehr klug. Es kann am besten rechnen von allen! Und stärker und schneller als alle anderen ist es sowieso.

Und falls du es noch nicht wusstest: Das Großmaulnashorn hat den Kaiser von Kanada beim Tischtennis haushoch geschlagen, die Königin von Panama über den Suez-Kanal getragen und den Baron von Münchhausen rückwärts mit dem Fahrrad von Hausen nach München gefahren.

DER TIEFSEEHASE

Die Tiefsee ist ein lebensfeindlicher Ort. Sie ist der größte und am wenigsten erforschte Lebensraum unseres Planeten. Dennoch leben mehrere Tausend Meter unter der Wasseroberfläche viele seltsame Tiere, darunter auch der Tiefseehase.

In der Tiefsee ist es sehr kalt. Die Tiefseetiere haben deshalb verschiedene Strategien entwickelt, um in dieser unwirtlichen Umgebung zu überleben. Die Strategie des Tiefseehasen lautet: „Mit Geduld und Spucke fängt man eine Mucke".

Wie alle anderen Tiere hier unten auch, so bevorzugt es der Tiefseehase, auf seine Beute zu warten, anstatt sie zu jagen. Stundenlang verharrt er regungslos auf einer Stelle, nur um dann blitzschnell sein Maul aufzureißen, wenn zum Beispiel ein Rübenfisch vorbeischwebt. Seine Leuchtangel knipst der Tiefseehase meist nur abends zum Lesen an. Oder bei Sankt Martin. Er fürchtet den listigen Tiefseefuchs.

DAS TASCHEN-MAMMUT

Wie seine nächsten Verwandten, die Riesenmammute, ist das Taschenmammut ein *rüsseliges Zotteltier*. Anzutreffen ist dieses Mammut in Mantel- und Jackentaschen von Bewohnern des alpinen Hochgebirges. In der Sommerzeit überwintern sie gern in den Gemüsefächern von Kühlschränken.

Sie ernähren sich hauptsächlich von Dingen, die kleine Kinder auf dem Weg zur Schule oder in den Kindergarten in ihre Taschen stopfen: Spangen, Steine, Kastanien und sonstigen Krempel.

Taschenmammute sind gesellige Tiere und leben in größeren Gruppen von bis zu 20 Individuen. Die Jungtiere bleiben die ersten fünf Jahre ihres Lebens bei ihrer Mutter – bis zu dem Tag, an dem sie ihre Milchstoßzähne verlieren: dann müssen sie sich eine eigene Tasche suchen.

DAS SÄBELZAHN-HÖRNCHEN

Das Säbelzahnhörnchen ist eines der gefürchtetsten Nagetiere in den Wäldern Europas. Ständig stänkert es herum, stibitzt Beeren aus den Nestern seiner Nachbarn oder streift nachts grölend mit seiner *Gang* durchs Gehölz. Sein rüpelhaftes Benehmen hat dazu geführt, dass es zum schwarzen Schaf der Hörnchen-Familie wurde. Es beherrscht mehrere Kampfsportarten und ist Träger des *Grünen Grashalms.*

Typisch sind seine beiden langen, dolchartigen Eckzähne, denen das Hörnchen seinen Namen verdankt. Sie können bis zu 5 cm lang werden. Warum das Hörnchen so lange Säbelzähne hat, ist ungewiss. Wahrscheinlich wegen Angeberei. Man kennt das ja von anderen Tieren. Zum Nüsseknacken sind sie jedenfalls nicht zu gebrauchen.

DER TRÖDEL-TRUTHAHN

Der Trödeltruthahn ist stets beschäftigt, und zwar meistens mit Beschäftigungen. Täglich vertrödelt er bis zu 18 Stunden mit Trödeleien, die restlichen 6 Stunden verbringt er dösend oder schlafend. Was müsste der Trödeltruthahn alles machen, und was lässt er alles lieber sein!

Bevor er vor dem hungrigen Fuchs wegrennt, pickt er lieber noch ein Samenkorn. Bevor er das Samenkorn pickt, ärgert er lieber noch ein paar Insekten. Und bevor er die Insekten ärgert, müsste er eigentlich noch die Hackordnung ordnen, aber bevor er die Hackordnung ordnet, ärgert er lieber ein paar Insekten oder pickt ein Samenkorn oder schaut noch mal beim Fuchs vorbei, vor dem er eigentlich wegrennen wollte – wieso, das hat er bei der ganzen Trödelei vergessen.

DAS HERD-MÄNNCHEN

Egal ob Kochen, Braten oder Backen: Die Herdmännchen gelten als die besten Köche im gesamten Tierreich. Sie haben einen ausgesprochen feinen Geschmackssinn, denn neben *süß, sauer, salzig, bitter* und *umami* schmecken sie auch *lecker* und *nicht so lecker*.

Als Spitzenköche erfinden sie unablässig neue Gerichte. Beliebt sind das *Schnakenschnitzel,* das *Geckogulasch* oder die *veganen Wurzelwürstchen mit Petersilikum*. Begehrte Nachtische sind die *gepuderzuckerten Schokoschaben* sowie die *Mokka-Mückenmuffins mit Mandelmilch*.

Bei der Zubereitung ihrer Speisen legen Herdmännchen Wert auf regionale und saisonale Produkte. Manchmal trifft man sie beim Schnakenkauf im Zoofachgeschäft.

DER LACHLÖWE

Soll ich dir einen Witz erzählen? Kennste den schon? Das Witze-Repertoire des Lachlöwen ist schier unerschöpflich. Er kennt alle Fritzchen- und Häschen-Witze auswendig. Kein Wunder, schließlich hat er sie alle selbst erfunden. Der Lachlöwe ist aktuell Vize-Witzeweltmeister, nur die *Lachmöwe* ist lustiger, was ihn tierisch wurmt.

Der Lachlöwe hat mehrere Witzebücher geschrieben, unter anderem: *Wüstenwitze I, Wüstenwitze II, Noch mehr Wüstenwitze* sowie *Die wüstesten und witzigsten Wüstenwitze aller Zeiten.* Ebenfalls aus seiner Tatze: *Würste brauchen Hitze, Wüsten brauchen Witze, Die lustigsten Pannen der Savannen* und sein Bestseller: *Lach dich tot oder ich fress dich auf.*

DIE MITBRINGSEL-MÜCKE

Die Familien der Mitbringsel-Mücke sind sehr groß. Zu Weihnachten, Ostern und zu Geburtstagen bekommen die kleinen Mücken deshalb bergeweise Geschenke von ihren zahllosen Onkeln, Tanten, Omas und Opas. Es gilt bei den Mitbringsel-Mücken als unhöflich, wenn man irgendwohin geht und keine Geschenke mitbringt.

Das Leben der Mitbringsel-Mücken besteht daher hauptsächlich aus dem Ein- und Auspacken von Geschenken, unterbrochen nur von lästigen Danksagungs-Telefonaten. Zum Spielen hat hier niemand Zeit, geschweige denn zum Einkaufen neuer Geschenke. So kommt es, dass die Geschenke in der Regel gleich nach dem Auspacken wieder eingepackt und weiterverschenkt werden.

DER ICHWARDAS-NICHT-KRANICH

Der Ichwardasnicht-Kranich ist der Unschuldsvogel unter den Gefiederten. Gern schreitet er in Gesellschaft von anderen Ichwardasnicht-Kranichen umher. Denn: irgendwer muss es ja schließlich gewesen sein, der den Müll auf dem Boden liegengelassen oder die Überschwemmung im Bad verursacht hat – *er* ist's ja nicht gewesen!

Allerdings: Dadurch, dass die anderen Ichwardasnicht-Kraniche *es ja auch nicht gewesen* sind, einigen sich irgendwann alle Kraniche darauf, dass eigentlich *überhaupt nichts* passiert ist. Denn wenn es keiner gewesen ist, kann schließlich nichts geschehen sein.

Wie das Bonbonpapier in die Sofaritze gekommen ist oder wer das Geschwisterkind zum Heulen gebracht hat, wird deshalb für immer ein Rätsel bleiben.

WIESEL, WIESOSEL UND WARUMSEL

Wieso ist Zucker süß? Warum das Feuer heiß? Und: Wie lange ist man tot, bevor man geboren wird? Von Natur aus neugierig, möchten Wiesel, Wiesosel und Warumsel alles Mögliche gern genauer wissen. Sie gehen den Dingen auf den Grund. Aber wie sieht es unter dem Grund aus? Woher kommt er überhaupt? Und: gibt es einen Grund für den Grund?

Mit einfachen Antworten geben sich die drei nicht zufrieden. Obwohl sie oft für *Nagetiere* gehalten werden, gehören sie doch der Gattung der *Fragetiere* an.

Wiesel, Wiesosel und Warumsel ernähren sich überwiegend von Fragen. Sie fragen so lange, bis sie eine gründliche Antwort erhalten. Wieso? Weil sie von Geburt an neugierig und ständig auf der Suche nach Antworten sind. Warum? Weil sie durchdrungen sind vom Gedanken des Durchdringens.

DER MAGICHNICHT-HABICHT

Der Gesang der jungen Magichnicht-Habichte gehört zu den schönsten Naturerlebnissen in den heimischen Wäldern. Die ersten Arten beginnen schon vor dem Mittagessen ihren vielstimmigen, melodienreichen Chor:

Igittigitt, das ess ich nicht,
Gemüse ist mir viel zu schlicht!
Es riecht so fies, es schmeckt so übel –
Spotzwürg! Ich kotz gleich in den Kübel.

Sollt's Pommes, Pizza oder Pasta sein,
Jaaa - das stöpft' ich mir mit Wonne rein.
Hinein in Schnabel und in Schlund
Auf dass ich werde kugelrund.

Nagut: ein Mäuschen mit Mayo wär oké –
Solang ich kein Gemüse seh,
Denn das, ich wiederhole mich,
Das will und mag und ess ich nicht.

DIE SCHILDFLÖTE

Die Schildflöte ist ein musikalisches Tier. Seit mehr als 80 Millionen Jahren erfreut sie ihre Umgebung mit stimmungsvollen Flötentönen. Ihre Flöte besteht aus Horn: Sollte sie mal kaputt gehen oder abbrechen, ist das nicht weiter schlimm – die Flöten wachsen nach, und zwar ein Leben lang.

Besonders begabte Schildflöten musizieren in Weltklasse-Ensembles wie den *Schweinfurter Sängersäuen*, dem *Quakenbrücker Quallen-Quartett* oder dem *Chemnitzer Chamäleon-Chor*. Allerdings gibt es auch herausragend unmusikalische Schildflöten, die nie einen sauberen Ton hinbekommen. Diese entwickeln sich im weiteren Verlauf ihres Lebens zu Schild*tröten* und verdienen sich bei Großveranstaltungen ein kleines Zubrot als Krachmacher.

DER HUHNFISCH

Der Huhnfisch weiß auch nicht so recht. Er ist weder Fisch noch Huhn, sondern irgendwas dazwischen. Jeden Tag legt er ein Ei, dann macht es „plopp" und das Ei sinkt in die Tiefen des Meeres hinab. Wahrscheinlich wird ein neuer Huhnfisch daraus, niemand weiß das so genau.

Eigentlich würde der Huhnfisch auch gern nach Samen und Körnern picken. Aber in den Meeren, in denen er lebt, gibt es leider keine. Wenn er gackert, kommen nur ein paar Luftbläschen aus seinem Schnabel heraus. Und möchte er auf dem Boden scharren, ist kein Boden da. Es ist wie verhext.

Lange Zeit dachte der Huhnfisch, er sei der einzige, der *weder* das eine *noch* das andere ist, weder Huhn noch Fisch. Dann aber machte er die Bekanntschaft mit der fröhlichen Flohrelle und dem prächtigen Pfauwal, und sie entdeckten gemeinsam, dass sie sowohl das eine *und* das andere sind.

DER MALWURF

Grüne Monde, rosa Meere und dreieckige Fußbälle mit Raketenantrieb: Die Welt des Malwurfs ist bunt und voller Fantasie. Überall in seinem Bau liegen Pinsel, Bunt- und Filzstifte verstreut. Alles muss bemalt werden: Bett, Tisch, Wände – einfach alles.

Die Lieblingsfarben des Malwurfs sind vermutlich Blau, Rosa und Glitzer. Aber weil er blind ist, weiß der Malwurf das nicht so genau. Seine eigenen Bilder hat er auch noch nie gesehen. Er nimmt aber an, dass sie sehr gut geworden sind.

Da es in ihren Erdhöhlen oft ein wenig langweilig ist, spielen Malwürfe in ihrer Freizeit gern „Ich sehe nichts, was du auch nicht siehst".

DER FLOTTWAL

Flink flitzt der Flottwal durch die Fluten. Nach einem kleinen Frühstück beginnt sein Tag mit der morgendlichen Gymnastik: Dehn- und Streckübungen von Finne, Flipper und Fluke, anschließend Krafttraining mit den schweren Ankern der gesunkenen Tanker und zum Schluss ein Stündchen Tiefseetauchen.

Flottwale achten sehr auf ihre Figur und eine gesunde Ernährung: neben frischem Tintenfisch nehmen sie zwischendurch höchstens einen Algen-Smoothie zu sich. In ihrer Freizeit spielen sie gern Finne-, Flipper- oder Flukeball.

Vor seinen Fressfeinden tarnt sich der Flottwal trickreich: Mit einem Walkostüm ahmt er perfekt einen großen und beeindruckenden Wal nach. Das müsste er eigentlich gar nicht, denn zum einen ist er bereits ein großer und beeindruckender Wal und zum anderen hat er keine Fressfeinde.

DIE SCHLAMASSEL-ASSEL

Berühmt für ihre Tollpatschigkeit ist die Schlamasselassel. Ständig krabbelt sie von einem Fettnäpfchen ins andere, stolpert mit mindestens einem ihrer sieben Beinpaare ins nächste Unglück. Oft schämt sie sich deswegen, weshalb man sie nur unter Steinen oder feuchtem Laub findet, wo sie sich versteckt.

Es verwundert daher nicht, dass die Schlamasselassel laut einer Umfrage zu den unglücklichsten Tieren der Welt gehört. Die Teilnehmer der Umfrage mussten folgende drei Fragen beantworten:

Haben Sie mindestens sieben Beinpaare?
Leben Sie unter Steinen oder feuchtem Laub?
Sind Sie eine Schlamasselassel?

DIE SCHMOLLE

Die Schmolle ist die beleidigte Leberwurst der Meere. Sie hat immer schlechte Laune, da sie mit der Gesamtsituation nicht einverstanden ist. Mal ist das Wasser zu wässrig, mal der Sand zu sandig. Dann ist die Strömung wieder zu strömig oder die Wellen sind entschieden zu wellig. Egal was ihr gerade nicht passt: Pikiert zieht die Schmolle ein Schnütchen und ist für den Rest des Tages nicht ansprechbar.

Beleidigte Schmollen legen viel Wert auf eine klare Körpersprache: verschränkte Flossen, düsterer Blick und trotziges Schweigen. Tief in ihrem Innern ist sie sehr verärgert und möchte, dass alle mitbekommen, dass sie gerade mal wieder richtig sauer ist.

Wie holt man die Schmolle am besten aus dieser Situation heraus? Hier ist viel Flossenspitzengefühl gefragt: Am besten gelingt es, indem man sie mit einem Häschen- oder Fischchenwitz zum Lachen bringt und so die Situation entschärft.